ARNO BACKHAUS

Weihnachten ist auch nicht mehr das, was es nie war

Über den Sinn und Unsinn von Whynachten

kawohl

Bestell-Nr.: RKW 5198

© 2024 Kawohl Verlag, 46485 Wesel
Alle Rechte vorbehalten.

Titelbild: RKW unter Verwendung eines Bildes von Getty Images / Vadmary und eines privaten Bildes von A. Backhaus;
Muster Getty Images / Viktoriia Shabanova

Autorenporträt: A. Backhaus privat

Getty Images: S. 2-63 (Seitenrahmen) Milanares; S. 6 Prostock-Studio; S. 7 (Foto) RomoloTavani; S. 10 (oben) ChiccoDodiFC; S. 10 (Engel) egal; S. 12 (oben) Estradaanton; S. 12 (unten) nicoletaionescu; S. 18 Jessica Ruscello; S. 19 kuarmungadd; S. 21 RomoloTavani; S. 22 (unten) 24K-Production; S. 24 Rawpixel; S. 25 (links) Manjun Shen; S. 25 (rechts) Mizina; S. 26 Yazid Nasuha; S. 27 thanasus; S. 31 RomoloTavani; S. 32 MCRMfotos; S. 33 galitskaya; S. 37 (oben) Boonyachoat; S. 37 (unten) Francesca Leslie; S. 38 (unten) erlucho; S. 40 wideonet; S. 41 AnirutKhattirat; S. 42/43 René Pirker; S. 45 (links) NikolaVukojevic; S. 45 (rechts) Ridofranz; S. 47 (Ticket) hatman12; S. 49 (oben) anyaberkut; S. 49 (unten) shironosov; S.50 ArtBoyMB; S. 51 Serbogachuk; S. 52/53 rustamank; S. 54 Denis-Art; S. 55 gorsh13; S. 56 IKvyatkovskaya; S. 58 (oben) czekma13; S. 58 (unten) Herzstaub; S. 59 Rebell; S. 65 (Sonnenuntergang) BERKO85; S. 65 (Hände) shuang paul wang; S. 68 Anna Volobueva; S. 70 kieferpix; S. 71 578foot; S. 72 romrodinka; S. 73 (Foto) romrodinka; S. 75 matunka; S. 76/77 yaruta; S. 80 (Foto) Prostock-Studio; S. 80/81 (Briefe, Stift, Papierflieger) Ludmila Lysak; S. 82 (Foto) baramee2554; S. 83 (Foto) Cn0ra; S. 89 estherpoon

Alle weiteren Fotos, Illustrationen und Muster im Hintergrund: Pixabay
(S. 88 unter Verwendung der „Volkszählung zu Bethlehem" von Pieter Brueghel d.Ä.)

Lektorat und Gestaltung: RKW / J. Dörr
Redaktionelle Vorarbeit durch den Brendow Verlag
Gestaltungsgrundlage Brendow / S. Schmitz

Druck und Verarbeitung: Dimograf, Bielsko-Biała, Polen

ISBN: 978-3-86338-198-1   www.kawohl.de

Inhalt

7 Einleitung | Ganz anders

glauben

11 Weihnachtsrummel
13 Das Fest der Lüge?
15 Teilzeit oder Vollzeit?
19 Sprüche – fürs Regal zu schade
21 Nicht nur sonntags
23 Akku aufladen
24 Alltäglich
26 Keine Privatangelegenheit
31 Typisch Gott?
32 Zum Schlittschuhlaufen muss man geboren sein …

hoffen

36 In der Ewigkeit verankert
39 Rettungskapsel
41 Kein Phantasialand
45 Verführung zum Leben
47 Gott hat das nicht nötig – aber ich
48 Lernen, kaufen, wegwerfen
51 Proklamation am Haus
54 Furchterregende Engel?
56 Lebst du schon oder existierst du noch?
59 Gott ist Rettung

lieben

63 Wünsche?
64 Das waren noch Zeiten
69 Die kürzeste Predigt im Neuen Testament
71 DAMIT-Liebe
73 Zusammenhang
74 Das Fest der Liebe

77 Es gibt nicht Gutes – außer man tut es
    Gute-Taten-Ideen für die Adventszeit
  › 78 Aufmerksamkeit schenken
  › 81 Post an die Nachbarn
  › 83 Der etwas andere Weihnachtsbaum
  › 84 Geschenke-Parcours
  › 87 Gutschein als Geschenk-Ideen

89 Nachwort | Das Fest der Er-Wartungen

Einleitung

Ganz anders

Wenn ein Kind geboren wird, stehen alle Kopf.
Alle freuen sich,
fragen erwartungsvoll, wie es der Mutter geht,
und später, wie es dem Kind und dem Vater geht,
sind gespannt, wie das Kind aussieht,
ob es ein Junge oder Mädchen ist,
welchen Namen das Kind bekommt.
Selbst Nachbarn, Arbeitskollegen
– und manchmal auch fremde Personen –
freuen sich mit.

Freude liegt in der Luft.
Normalerweise.

Ganz anders bei Jesus.
Wie war das eigentlich damals
bei der Geburt Jesu?
Lag da auch Freude in der Luft?

glauben

Weihnachtsrummel

Ich gebe ja zu: Ich genieße diese Zeit vor Weihnachten. Das ganze Drumherum, der Rummel passt ganz gut zu Weihnachten, finde ich. Ich meine zu dem Weihnachten damals, wie es vor 2.000 Jahren abgelaufen ist. Als Jesus geboren wurde, jagte der römische Kaiser Augustus wegen seiner verrückten Volkszählung die Bevölkerung kreuz und quer durchs Land. Der Kaiser hatte die gleichen Probleme wie unser Finanzminister: Er hatte zu viele Löcher in der Staatskasse. Es drehte sich schon damals alles ums Geld. Und da hört der Spaß ja meistens auf.

Was mich am heutigen Weihnachtsrummel allerdings sehr stört, ist der süßliche Kitsch mit Engelein und putzigem Christkindchen im lockigen Haar und so. Rummel und Ungerechtigkeit, Probleme und Ärger gab's damals jede Menge, aber keine süßliche Weihnachtsstimmung: Herodes wollte Jesus umbringen lassen, weil er sich in seiner Macht bedroht fühlte. Gott wurde als Mensch geboren, um uns aus unserem Schlamassel zu retten. Die Eltern fanden kaum ein Quartier. Die Geburt fand in einem Stall statt. Und das war kein Stall aus dem Bastel-Set von Tchibo oder von Playmobil. Das war auch kein eurogenormter Stall mit artgerechter Tierhaltung, das war eine in Felsen geschlagene Höhle, weil es da erträglicher war für Mensch und Tier bei vierzig Grad im Schatten. Der Fresstrog musste als Wiege herhalten. Da gab's keinen Geruch nach Fichtennadeln aus einem Räuchermännchen. Kein bisschen Idylle. Stress pur!

Ganz wie in unserem Leben. Jeder soll kapieren, dass Gott uns in unserer Alltagswelt treffen will. „Euch ist heute der Retter geboren." So heißt die Weihnachtsbotschaft. Nur wenn wir Jesus in unseren Alltag einbeziehen, mit all unseren Sorgen und Problemen, erfahren wir, dass er rettet.

Ob wir begreifen, dass Weihnachten nicht nur mit niedlichen Holzfiguren zu tun hat, die man abstauben kann und später wieder auf den Dachboden stellt?

Jesus möchte unsere Seele abstauben von Schmutz und Dreck, unser Herz reinigen, dass wir wieder aufatmen können, wieder lachen können.

Damit uns Freude ins Herz fällt, die vor dem Alltag nicht kapituliert.

Das Fest der Lüge?

Was haben Weihnachten, der Friedhof und das Finanzamt gemeinsam? Überall wird viel gelogen. Wir reden von Jesus, denken aber an unsere gefüllten Kassen. Wir singen von Frieden, kaufen aber den Kindern auf dem Weihnachtsmarkt Plastik-Maschinengewehre aus Taiwan. Wir geben geistliche Weihnachts- und Adventskonzerte, doch es geht uns mehr um's Kulturelle als um geistliche Inhalte. Wir erzählen vom Fest der Familie, flüchten aber in den sonnigen Süden, um nicht mit den Eltern und Schwiegereltern zusammen sein zu müssen. Wir beten Jesus an, tun es aber eher um unserer Gefühle willen. Wir sprechen von der Zeit der Besinnung, und doch ist keine Zeit hektischer als diese. Wir spenden für Hilfsbedürftige, beruhigen aber nur unser schlechtes Gewissen. Wir predigen, dass Gott Mensch wurde, unternehmen aber nichts dagegen, dass in keiner Zeit wie dieser so viele unmenschliche Filme und Computerspiele verkauft werden.

? **Wird vielleicht deshalb in dieser Zeit so viel Glühwein konsumiert, um das ganze Lügengebäude ertragen zu können?**

Gott wurde Mensch, gerade in einer Zeit voller Hektik, Intrige, Korruption und Lüge, um uns mitzuteilen, dass er uns trotzdem liebt.

Unvorstellbar, aber wahr.
Unglaublich, aber wirklich.
Unmöglich, und doch möglich.

Stell den Weihnachts-Jesus ruhig wieder in den Keller oder auf den Dachboden und lass ihn dort. Wie wäre es, wenn du dir den Original-Jesus in dein Herz holst, an deinen Schreibtisch, auf deine Werkbank, auf den Küchentisch?

Und das nicht nur zur Weihnachtszeit, nein, auch im Winter, wenn es schneit?
Und im Frühling, wenn alles blüht und du denkst, du würdest alles alleine schaffen können?
Und im Sommer, wenn du schwitzt vor Überstunden?
Und im Herbst, wenn nicht nur der Sturm tobt, sondern auch du vor Wut und Ärger?

Jesus will ein alltäglicher Gott sein, in unserem Alltag vorkommen.

Und das nicht nur zur Weihnachtszeit!

Teilzeit oder Vollzeit?

Dieser Jesus, der jedes Jahr auf den Weihnachtsmärkten verkauft und vermarktet wird, der ist nur für zwei Monate gute Geschäfte und für vier Wochen schönes Gefühl zu gebrauchen. Dieser Teilzeit-Jesus ist aus Watte und Plastik und muss herhalten für Business und Emotionen. Der Ganz-Jahres-Jesus der Bibel ist aus Fleisch und Blut, der ist echt und an den kann man glauben, dem kann man vertrauen. Er ist erreichbar für das ganze Jahr und nicht nur für die Augenblicke der Freude, sondern auch für die des Leids, des Ärgers und der Frustration. Der Weihnachts-Jesus vernebelt die Sicht, der Alltags-Jesus macht wach, verschafft eine klare Sicht für meine Situation, für diese Welt und Gottes Willen. Dieser Jesus will keine Idee, keine Religion und keine Philosophie sein, sondern ein Freund. Ihm liegt alles daran, eine Beziehung zu uns Menschen aufzubauen. Deshalb wurde Gott Mensch, aus keinem anderen Grund.

Er will Fundament für unser Lebenshaus sein, damit es nicht ins Wanken kommt, wenn es nichts mehr zu lachen gibt.

> **Er will Maßstab und Orientierung sein, wo wir plan- und hilflos auf der Suche nach dem Ziel und Sinn unseres Lebens sind. Und er will uns Werte vermitteln, die nicht durch den Zeitgeist bedroht werden können.**

Nehmen wir sein Angebot der Liebe und des Friedens ernst.

Dann kann es richtig Weihnachten werden.

glauben

> „Nimm sein Angebot der Liebe und des Friedens ernst. Dann macht er aus Ernst Freude, aus Angst Zuversicht, aus Resignation Hoffnung und aus Dunkelheit Licht."

Sprüche – fürs Regal zu schade

Zu keiner Zeit erhält oder schreibt man so viele Karten wie zu Weihnachten. Meistens mit altbekannten und doch für viele Leute mit nichtssagenden Wünschen wie: „Gesegnete Weihnachten und ein gutes neues Jahr". Manche auch mit originellen Sprüchen und Lebensweisheiten. Die stellt man sich in der Advents- und Weihnachtszeit gerne ins Regal oder hängt sie an die Wand, weil sie komplizierte Dinge unkompliziert auf den Punkt bringen, oft mit Humor gewürzt.

Aber es kommt im Leben doch nicht auf die Sprüche an – so schön und interessant sie sind –, sondern auf das Leben!

Reden können viele, Sprüche machen kann jeder – aber ob wir das auch umsetzen, was wir proklamieren, oder als Aufkleber am Auto kleben haben oder auch wichtig finden, das wäre noch die Frage …

Ich kenne keinen, bei dem das, was er gesagt und getan hat, so authentisch war wie Jesus Christus. Kein Sprücheklopfer, sondern ein Macher. Und das hat ihm auch kräftig Konflikte bereitet. Die gingen so weit, dass man ihn umgebracht hat. Man lässt sich doch das Tagesgeschäft nicht aus der Hand nehmen! Die Macht über andere oder über die eigenen Gedanken lässt man doch nicht so ohne Weiteres los, selbst wenn da einer kommt, der von sich selbst behauptet, er sei der einzige Weg zu Gott.

Einige, die diesem Jesus glauben, ihm vertrauen und ihm erlauben, ihr Handeln, Reden und Schweigen zu beeinflussen, die erfahren, dass ihr Leben immer mehr von einer außergewöhnlichen Liebe, Gelassenheit, Barmherzigkeit und einem tiefen Frieden ausgefüllt wird. Und dabei üben sie immer mehr ein, von Sprüchen hin zu einem authentischen Leben zu kommen.

Nicht nur reden – machen!

Nicht nur sonntags

Jesus will uns an seinem Geburtstag nicht mit Kitsch benebeln, sondern wach machen für die Wirklichkeit, für Gottes Wirklichkeit. Und die ist manchmal unbequem, führt aber letztlich zum Leben. Jesus sagt, dass am Ende aller Zeiten diejenigen leben und den Tod überwinden werden, die seiner Liebe und Wahrheit heute glauben wollen.

Wenn du Weihnachten gut überstehen willst und auch für das neue Jahr in deinem persönlichen Leben neue Kraft und Motivation benötigst, dann fang doch an, dich diesem Jesus anzuvertrauen.

Erlaube ihm, dass er dein Denken beeinflusst und dein Handeln, nimm ihn ernst, und das nicht nur zu Weihnachten und nicht nur sonntags. Jesus möchte in deinem Alltag wirksam werden. Er will Licht in unsere oft dunklen Beziehungen bringen, dass wir wieder lachen können. Nimm sein Angebot der Liebe und des Friedens ernst. Dann macht er aus Ernst Freude, aus Angst Zuversicht, aus Resignation Hoffnung und aus Dunkelheit Licht.

Akku aufladen

Das Leben ist wie eine Taschenlampe, es kann aus sich heraus nicht leuchten. Die Taschenlampe braucht eine aufgeladene Batterie, einen Akku, d. h. Energie, die von außen hineinkam. Auch wir brauchen Energie von außen, Liebe und Friede von außen. Das bisschen Restliebe aus dem Paradies, was in uns noch enthalten ist, reicht nicht von morgens bis abends aus. Dass unsere Bemühungen von Frieden, Gerechtigkeit und Liebe nicht ausreichen, kann man jeden Tag in den Schlagzeilen lesen. Wir brauchen den Lebensanschluss von außen, den Friedens-Akku Gottes.

Bei wem oder was laden wir unseren Lebens-Akku auf?

Jesus kam aus der Unendlichkeit in unsere Endlichkeit, um uns wieder an das Leben anzuschließen und an das Licht, das nie verlöscht. Je mehr ich diesem Gott erlaube, mich zu prägen bis in die tiefsten Schichten meiner Persönlichkeit, desto unabhängiger werde ich von Menschen, die mich verletzt haben, desto weniger bestimmen meine unerfüllten Sehnsüchte und Erwartungen mein Leben. Ich lerne langsam, aber stetig, unverkrampft, aber konsequent aus Gott zu leben, das heißt, ich lerne bei Versagen nicht mehr zu verzweifeln, sondern mit Gottes Vergebung zu rechnen. Ich muss immer weniger vorspielen, weil Gott mich trotz aller Ecken und Kanten liebt und achtet. Ich muss nicht stark sein, sondern kann ehrlich werden, meine Schwäche zugeben. Muss nicht mehr selbst Licht produzieren, sondern reflektiere Gottes Licht und seine Liebe. Ich beginne, selbst Licht für die zu werden, die im Dunkeln rumtappen und den Weg nicht sehen.

Je mehr ich diesen Lebensstil einübe, desto geduldiger und barmherziger gehe ich mit mir und anderen um. Desto mehr macht Gott mich fähig, gegen den Strom zu schwimmen, gegen den Unglauben anzuglauben und gegen den Unfrieden zu lieben.

Lass dein Leben, dein Denken und Sein von Gott und seinem Licht beeinflussen.

Es kann dir nichts Besseres passieren.

> „Genauso soll euer Licht vor allen Menschen leuchten. Dann werden sie eure guten Taten sehen und euren Vater im Himmel preisen."
>
> Matthäus 5,16

Alltäglich

Die Hirten gingen nach ihrem Krippenerlebnis zurück zu ihren Schafen, in die Nacht und Kälte voller Gefahren – und dankten und priesen Gott. Sie gingen nicht in den Tempel, auch nicht zu einem Lobpreis- und Anbetungsgottesdienst. Denn Jesus möchte uns im Alltag begegnen, da, wo uns der Schuh drückt, wo wir aus der Haut fahren. Jesus sagt zu uns: „Gib mir das, worunter ‚ungenügend' steht."

Nicht zuletzt in der Weihnachtszeit wird manchmal sichtbar, wo wir nicht so perfekt sind, wie wir es gerne hätten. Vielleicht geben uns unsere heranwachsenden Kinder in Sachen Erziehung die Note Sechs und sagen: „Du hattest nie Zeit für mich!"

Gib dein Versagen an Jesus ab.
Gib Jesus deine Verletzungen ab.

Dieser Jesus, der unser Leben heilen möchte, ist mehr als das süße Jesuskind, das vor 2.000 Jahren in der Krippe lag. Er ist als Heiland gekommen. Nicht die Gesunden brauchen einen Arzt, einen Retter. Nimm seine Dienstleistung in Anspruch. Das ist der Grund, warum er geboren wurde, nicht zur Verzierung für den Weihnachtsmarkt!

glauben

Sag ihm, was unter deinen Händen zerbricht, alles, was in Scherben liegt, alles, was kaputtgeht in deinem Leben, alles, was verwundet, was Risse, Sprünge bekommt und auseinanderbricht.

Da zerbricht die Beziehung zum Ehepartner – in den Weihnachtstagen zeigen sich die Risse besonders deutlich. Man hat sich nichts mehr zu sagen.

Gib es Jesus. Jesus sagt zu uns: „Gib mir, was verlogen ist in deinem Leben."

Vielleicht versuchen wir unseren Arbeitskollegen oder Nachbarn vorzumachen, was für ein großartiger Mensch wir sind – und werden hinter dieser Maske immer einsamer. Bring ihm deine Show, deine Unehrlichkeit, deine Lüge, dein Doppelleben. Und danach kannst du feiern, fröhlich sein.

Der verlorene Sohn hat keine Trübsal geblasen, sondern getanzt und gefeiert, als er wieder zu Hause war. Wir haben heute so viel Grund zu tanzen und zu feiern, weil der Retter geboren ist. Er spricht zu uns durch Lieder und Träume, Bücher und Gedanken, Worte der Ermutigung oder Korrektur, weil er unserem Leben heute Sinn und Orientierung geben will.

**Wir müssen uns nicht alleine mit unseren Brüchen herumschlagen, wir können das Kaputte und Ungenügende täglich, alltäglich an ihn abgeben.
Weil er der Fachmann für Heilung ist.**

Keine Privatangelegenheit

Die Geburt Jesu war eine öffentliche Proklamation, die Hirten auf dem Feld waren die Ersten, die die Nachricht von einem Engel überbracht bekamen. Auch wenn Jesus in einem „Hinterhof" in einem Stall geboren wurde – man könnte ja fast annehmen, seine Geburt sollte inkognito geschehen –, sprach sich die Nachricht schneller rum, als manchen Politikern damals lieb war. Sie fürchteten einen politischen Mitbewerber. Manchen wäre es recht gewesen, wenn alles im Hinterhof geblieben wäre, heimlich, privat, intern, ohne große Bekanntgabe.

Auch heute wäre es manchen lieber, wenn sich Christsein hinter verschlossenen Türen abspielen würde. „Glaube ist Privatsache", hört man immer wieder. Eine feine, sehr galante Lüge des Teufels. „Evangelium" war ursprünglich kein christlicher Begriff, sondern bezeichnete eine politische Proklamation. Wenn Steuern erlassen wurden,

Sklaven freikamen o. ä. wurde dies öffentlich auf dem Marktplatz bekannt gegeben. Diesen Vorgang nannte man „Evangelium", was übersetzt heißt „gute Nachricht". Später haben Christen den Begriff „christianisiert" und gesagt: „Die wirklich gute Nachricht bringt uns Gott, nicht der Kaiser."

Auch der Wind ist immer an seinen Auswirkungen sichtbar, wenngleich ich ihn nicht direkt sehen kann.

Das Evangelium war immer öffentlich, nie Privatangelegenheit. Auch der Wind ist immer an seinen Auswirkungen sichtbar, wenngleich ich ihn nicht direkt sehen kann. Das, was der Geist Gottes im Herzen der Menschen in Gang brachte, hatte immer Auswirkungen in der Öffentlichkeit.

„Ich glaube nur an das, was ich sehe", sagte der Atheist.
„Ich glaube auch an das, was ich nicht sehe", sagte der von unsichtbaren Strahlungen bedrohte Japaner und brachte sich in Sicherheit.

Es gibt mehr, als ich sehen kann. In unserer Umgebung befinden sich unsichtbare Wellen. Wenn ich z. B. ein Radio in die Luft halte, das auf diese Wellen programmiert ist, kann ich die Wellen hörbar machen. Wenn ich HR3 hören will, muss ich mein Radio auf eine ganz bestimmte Frequenz einstellen. Das heißt, ich entscheide, ob ich etwas hören will oder nicht. Gott sendet immer, auf der Frequenz „Jesus & Heiliger Geist". Wenn ich etwas von diesem Jesus erfahren möchte, muss ich mein Herz und mein Leben auf diesen Jesus ausrichten. Und dann hat das auch öffentliche Konsequenzen, Auswirkungen auf meinen Umgang mit dem Partner, den Kindern, der Schöpfung, meinen Mitbewerbern, meinem Medienkonsum, meinen Finanzen, Auswirkungen auf meinen Fahrstil …

Wenn Glaube Privatangelegenheit ist und bleiben soll, dann spare dir die Mühe. Dafür ist der Glaube zu schade. Ein Auto wird ja auch nicht gekauft, damit es ein Leben lang in der Garage steht.

glauben

„Du kannst dich selbst loslassen. Dann wirst du dich finden."

Typisch Gott?

Typisch oder doch eher untypisch Gott? Gott steht über allem, lässt sich doch nicht auf dem Kopf rumtanzen. Er stellt die Spielregeln auf, nicht wir. Er sitzt am längeren Hebel ...

Ist Jesus aus einem anderen Holz geschnitzt? Auf jeden Fall passt er nicht ins Klischee „Gott". Wenn Gott Gott ist und Jesus sagt, dass er Gott in menschlicher Gestalt ist, kann er sich doch sein „Quartier" selbst aussuchen. Warum denn unbedingt in einer Futterkrippe irgendwo im letzten Winkel und nicht in einem Palast? Er „verkauft" sich schließlich als König. Da wäre ein goldenes Bettchen mit feinsten Gänsedaunen mehr als passend.

Und warum nimmt er den Weg über eine Schwangerschaft, lässt sich im Bauch einer Mutter tragen? Und dann die peinliche Sache mit der Windel. Gut, das ist ja Alltag bei Babys, aber muss das auch noch als offizielles Erkennungszeichen herhalten für den einmaligen Auftritt Gottes? „Daran werdet ihr ihn erkennen ..."

Als Erwachsener reitet er gar mit einem Esel durch die Gegend und nicht, wie es für Könige üblich war, auf einem hoheitlichen Pferd.

Und die „Krönung" – im wahrsten Sinn des Wortes – ist sein Tod. Nicht er hat das Geschehen in der Hand, sondern die religiösen Juden in Verbindung mit den römischen Besatzern. Warum das alles?

Dieser Jesus scheint so weit weg von dem zu sein, was man sich landläufig als König und Gott vorstellt, dass ich ins Fragen und Staunen komme. Verstehen tue ich das nicht.

Aber wer verlangt auch vom Menschen, dass er Gottes Weg verstehen soll? Selbst Jesus tut es nicht. Er wünscht sich nur – mehr nicht –, dass wir ihn lieben, nicht verstehen.

Zum Schlittschuhlaufen muss man geboren sein ...

... denn wer nicht geboren ist, kann auch nicht Schlittschuh laufen. Wenn du immer besser Schlittschuh laufen lernen willst, musst du lernen loszulassen. Und du musst lernen hinzufallen. Stell dir jemanden vor, der sich zwanzig Jahre lang an der Brüstung festhält. Der lernt nie Schlittschuh laufen. Das Problem ist, wenn er loslässt, fehlt ihm die Sicherheit, dann kann er auf die Schnauze fallen. Denkt man zumindest.

Glauben ist wie Schlittschuh laufen. Ich habe Angst. Ob ich's schaffe? Ob ich hinknalle?

Es gibt Leute, die sagen:

„Ich habe an Gott geglaubt, aber es hat doch nichts gebracht, bin nur hingefallen, hab versagt.
Konnte meiner Mutter und meinem Bruder nicht vergeben, bin nur hingefallen, hab versagt.
Konnte die Hälfte der Bibel nicht verstehen, bin nur hingefallen, hab versagt, habe alle meine Zweifel behalten.
Der Hauskreis und der Gottesdienst konnten meine Fragen auch nicht beantworten. Ich hab's doch probiert mit Gott, 's geht halt nicht.
Ich hab's doch probiert, ich bin nicht der Typ zum Schlittschuhlaufen, bin zu dick, zu dünn, zu unsportlich, zu ängstlich oder was auch immer.
Wenn die anderen laufen, kann ja sein, dass die das besser hinkriegen als ich, aber ich bin nicht so der Typ dafür."

glauben

Und dann sehe ich wieder Jesus auf der Eisfläche und er ruft mir zu: „Komm mir entgegen, gib mir die Hand, ich laufe mit dir, ich bleibe in deiner Nähe."

Und dann laufe ich. Und falle doch hin. Die Leute lachen über mich.
„Siehste, Jesus, jetzt lachen die über mich, weil ich versagt habe. Die nehmen mich doch nicht mehr ernst."

Und Jesus sagt: „Das habe ich doch schon getan."

„Was?"

„Ja, ernst genommen. Ich habe dich doch so ernst genommen, dass ich Mensch geworden bin. Ich hätte doch auch in der Unendlichkeit bleiben können. Mir hat nichts gefehlt.
Ich habe die Herrlichkeit meines Vaters verlassen und bin in die menschlichen Untiefen eingetaucht, um meine geliebten Menschen zu retten.

Ich habe dich doch so ernst genommen, dass ich für dich gestorben bin. Ich habe doch alles für dich gegeben.

Dass du endlich frei wirst von dir, deinen Ansprüchen, deiner Angst vor Versagen und Nichtbeachtung.
Du hast allen Grund über dich zu lachen und dich zu freuen, dass ich dich in jeder Situation liebe und dir wieder aufhelfe. Du brauchst dich nicht mehr so ernst zu nehmen.

Du kannst dich selbst loslassen. Dann wirst du dich finden.
Es ist wie beim Schlittschuhlaufen. Erst wenn du immer mehr loslässt und dich nicht nur am Rand langschlängelst, wirst du langsam lernen ein Schlittschuhläufer zu werden."

Wer sich an sein Leben klammert, der wird es verlieren. Wer aber sein Leben für mich und für Gottes rettende Botschaft aufgibt, der wird es für immer gewinnen.

Markus 8,35

In der Ewigkeit verankert

Zu den bekanntesten Weihnachtsliedern gehört „Ich steh an deiner Krippen hier". Geschrieben hat es Paul Gerhardt, der immer wieder erfahren musste, was es heißt, wenn eine Welt in Trümmern liegt. Dieser Mann beeindruckt mich zutiefst, wenn ich mir seine Biografie anschaue:

– Er hat Hungersnot gelitten, etliche Seuchen überlebt.

– Als er zwölf war, starb sein Vater, als er vierzehn war, seine Mutter.

– Fast die Hälfte seines Lebens tobte der Dreißigjährigen Krieg mit all seinen brutalen Erscheinungen.

– Sein Bruder starb durch schwedische Soldaten.

– Fünf seiner sechs Kinder starben.

– Als Pfarrer wurde er entlassen, er war ohne Einkommen.

– Als er sechzig war, starb seine Frau.

Wie konnte ein Mensch wie er, der vor so vielen Scherbenhaufen stand, das es unsere Vorstellungskraft übersteigt, wie konnte solch ein Mensch die schönsten und tiefgehendsten Lieder komponieren und dichten?! „Fröhlich soll mein Herze springen", „Geh aus mein Herz und suche Freud" und viele andere bekannte Lieder. Ja, wie konnte ein Mann wie er überhaupt noch singen?

Er war in der Ewigkeit verankert. Er lebte von der Verheißung, von der Hoffnung, und ließ sich nicht von den Lebenstrümmern bestimmen. Er verdrängte sie aber auch nicht.

In dem Lied „Ich steh an deiner Krippen hier" textete Paul Gerhardt in der dritten Strophe:

„Ich lag in tiefster Todesnacht,
du warest meine Sonne,
die Sonne, die mir zugebracht
Licht, Leben, Freud und Wonne.

O Sonne, die das werte Licht
des Glaubens in mir zugericht',
wie schön sind deine Strahlen!"

hoffen

Was veranlasste einen von Leid überschütteten Menschen noch von Freude und Sonne zu singen?

Weil er ganz nah an die Krippe ging und das Jesuskind in einem elenden Stall sah. Obdachlos würden wir heute sagen, ausgeliefert an die Kälte der Nacht und einsam in einer Welt, in der die Gasthöfe besetzt sind von Menschen, die sich das leisten können. Er kam diesem Jesus ganz nah, ließ sich von ihm trösten, motivieren und stärken.

Ich bin das Licht der Welt, wer mir nachfolgt, der wird nicht im Dunkeln bleiben.

Johannes 8,12

Rettungskapsel

Erinnerst du dich noch an das Grubenunglück in Chile? Im August 2010 stürzte die Erde über dreiunddreißig Bergarbeitern in einer Mine ein. Die Männer wurden in fast 700 m Tiefe eingeschlossen. Sie erlebten Dunkelheit, Angst und Verzweiflung. Oben hofften und zitterten ihre Frauen und Kinder. Neunundsechzig Tage dauerte eine der außergewöhnlichsten Rettungsaktionen aller Zeiten. Alle dreiunddreißig Kumpel wurden gerettet! Die Anspannung war gigantisch.

Jedes Mal, wenn die Rettungskapsel Fénix (dt.: Phönix) einen Bergmann ans Tageslicht brachte, schrien die Wartenden ihre Freude heraus. Sirenen heulten, die Glocke an der Behelfsschule für die Kinder der Bergleute bimmelte wie bei einem Feuersturm, Autos hupten, unbekannte Menschen fielen sich um den Hals, tanzten um Kohlefeuer. Und als die Kumpel endlich wieder ihre Liebsten in die Arme schließen durften, flossen Tränen der Rührung! Ein Land im Freudentaumel!

Die Rettungsaktion war eine gewaltige logistische Meisterleistung, an der die verschiedensten Techniker, Mediziner und Bergbauspezialisten mitgewirkt haben.

Diese Rettungsaktion erinnert mich stark an Weihnachten. Wir sind wie Verschüttete. Die Bergleute von Chile waren von der Außenwelt abgeschlossen. Die Retter kamen in die Dunkelheit, in ihr Gefängnis. Und die Rettungskapsel Fénix wurde nach unten geschickt.

Jesus kommt genauso als Retter in unsere Dunkelheit.

Jeder geht ja mit Dunkelheit sehr unterschiedlich um. Manche verschließen sich, lassen keinen an sich ran, haben sogar Angst vor Licht, glauben nicht mehr an eine Lösung oder eine Rettung und haben sich in der Dunkelheit so weit wie möglich eingerichtet. Manche verdrängen die Dunkelheit und tun so, als ob unter Tage das normale Leben wäre. Manche bekämpfen auch die Dunkelheit mit Lichterketten und anderem Schnickschnack.

Der, der uns wirklich ans Tageslicht holen kann, der von sich selbst sagt: „Ich bin das Licht der Welt", kommt in unser verschüttetes Gefängnis. Jesus selbst ist die Rettungskapsel. Und er bietet uns seine Rettung an, aber er zwingt keinen, in die Kapsel einzusteigen. Er lädt uns ein, sich retten zu lassen.

Dieser Jesus ist keine niedliche Figur, die man wegräumen kann.

Kein Phantasialand

Ob wir es jemals begreifen, dass Jesus es wirklich so meint? Ob wir jemals verstehen, dass es kein frommer Traum bleiben muss? Ob wir ihn beim Wort nehmen?

Er wartet darauf, dass wir uns an ihn wenden, indem wir in einfachen Worten zu ihm beten. Wenn wir es ausprobieren, erfahren wir: Er ist auch dann noch da, wenn alles andere von Weihnachten auf dem Dachboden ruht und verstaubt. Dieser Jesus ist keine niedliche Figur, die man wegräumen kann. Er ist auferstanden, damit man ihm sein Leben ganz anvertrauen kann.

„Euch ist heute der Retter geboren" – so haben es die Engel verkündet. Von einem Retter zu reden ist nur sinnvoll, wenn es etwas zu retten gibt. Ja: Uns gibt es zu retten. Jesus ist gekommen, um uns zu retten, zu erretten, weil wir ohne ihn verloren sind. Wie nach einem Erdbeben, das uns erschüttert, kommt Jesus in unseren Staub, kriecht in unsere zerfallenen Hütten, wagt sich in unsere Ruinen.

Und er streckt die Hand nach uns aus. Bist du zu stolz einzuschlagen?

Ich lade alle ein, vielleicht das erste Mal einzuschlagen in die Hand Jesu. In einem stillen Gebet: „Jesus, du warst für mich nur Beiprogramm, nur die Vorsuppe, und die Hauptspeise habe ich mir im Urlaub geholt, in der Anerkennung anderer Menschen, in meiner Leistung ..."

Du könntest ihm das erste Mal sagen: „Jesus, du sollst mein Retter, mein Herr und Heil-Land werden, ab diesem Heiligabend."

Und dieser Heiland verspricht uns kein Phantasialand, verspricht uns keine bloßen Weihnachtsgefühle, die wieder vergehen. Sondern:

Immer bei uns zu sein.

hoffen

Verführung zum Leben

Wir sehen alles und doch sehen wir nichts.
Wir wissen alles und doch wissen wir nichts.
Wir hören alles und doch erkennen wir nichts.

Plakate z. B. sehen wir und merken doch nichts. Darauf heißt es: „Ich rauche gerne." Und unten am Rand steht geschrieben: „Rauchen kann zu einem langsamen und schmerzhaften Tod führen." Der Mensch wird in einen Abgrund gelockt, und dann wird ihm gesagt: „Wir haben auf die Gefahren aufmerksam gemacht. Schließlich hat der Mensch ja einen freien Willen." So einfach ist das.

Wie wäre es mit einer neuen Werbekampagne zu Weihnachten: „Euch ist heute der Heiland geboren!" Unsere Plakate wären voller Hoffnung und Zärtlichkeit. Sie würden Gottes Wunder verkündigen. Plakate voller Zuversicht und Zukunftswärme, voller Lebens- und Liebes-Fantasie.

Plakate, die zum Leben verführen und nicht zum Sterben. Plakate, auf denen ein Fest angesagt wird, das in Bethlehem beginnt und in Gottes Gegenwart eine Ewigkeit weitergefeiert wird.

Gottes Plakate sollten uns begleiten von Häuserwand zu Häuserwand, die Enttäuschten wieder zum Lachen bringen, die Verbitterten wieder glücklich machen, die Hoffnungslosen wieder zuversichtlich. So, dass wir wieder, wenn wir nichts wissen, alles wissen, weil wir Gottes Kinder sind und in ihm unseren letzten Halt finden.

Gott hat das nicht nötig – aber ich

Das Besondere an der ganzen Weihnachtsgeschichte ist, dass sie bodenständig und alltäglich ist. Die Geschichte ist an Einfachheit und Banalität einfach nicht zu überbieten. Jesus kommt in den Mist und Dreck der Welt, damit jeder, der da unten drinsitzt, die Chance bekommt rauszukommen.

Und solange du so tust, als ob du sauber wärst, wirst du Jesus nie finden.

Solange du so tust, als ob du keinen Retter brauchst, weil du ja stark genug bist, wirst du seine barmherzigen Hände nicht wahrnehmen.

Er zwingt sich keinem auf!

Aber wenn du ihn reinlässt, dann kommt er mit in deinen grauen Alltag, er kommt sogar in unsere versteinerte Höhle, in unser Herz, und tauscht es aus gegen ein lebendiges. Und dann bekommst du eine Ahnung von dem Freudenfest, das wir am Ende aller Zeiten mit diesem Königskind Jesus feiern werden, mit neuen Kleidern.

Und dann werden wir zusammen an der Festtafel sitzen und uns erfreuen an dem Regenbogen, der himmlischen Musik und an Gott. Wir werden mit den Engeln im Chor singen, Gott anbeten.

**Die Eintrittskarte für dieses farbenfrohe Fest gibt es bei Jesus an der Krippe.
Und einzulösen ist das Ticket bei ihm am Kreuz.**

Lernen, kaufen, wegwerfen

Das Leben kann man in 25-Jahre-Blöcke einteilen. Die ersten 25 Jahre geht man in den Kindergarten, in die Schule, in die Lehre, an die Uni, um zu lernen, wie man in den nächsten 25 Jahren Sachen kauft: Computer, Waschmaschinen, Möbel, Autos, Häuser, die man dann in den letzten 25 Jahren seines Lebens auf den Sperrmüll stellt, wegwirft, an die Kinder und andere Personen vererbt, spendet oder bei Ebay vertickt.

Wie? Und das soll der Sinn des Lebens sein: 25 Jahre lernen, wie man Sachen kauft, um sie dann anschließend tatsächlich zu erwerben und sie am Ende dann doch alle wieder loszulassen? Das kann doch keiner ernst nehmen, oder?

Vor und an Weihnachten wird auch wieder unendlich viel gekauft und weiterverschenkt. Aber all das wird garantiert früher oder später kaputtgehen oder auch weggeworfen werden. Was hält schon ewig?

Da kommt ein junger Mann zu Jesus und fragt ihn: „Was muss ich tun, um ewiges Leben zu bekommen?" Und Jesus sagt: „Verkaufe alles, was du hast, gib das Geld den Armen und dann komm und folge mir nach."

Wir sollen das loslassen, was uns keinen wirklichen Halt im Leben gibt. Bei dem jungen Mann war es sein Reichtum. Das kann bei anderen Stolz sein oder Eifersucht, Verletzungen oder auch Minderwertigkeitsgefühle, die man loslassen muss. Weil mich all das vom wirklichen Leben abhält. Und dann kommt der entscheidende Satz: „Komm und folge mir nach!" Weil dieser Jesus uns den Weg zur Ewigkeit zeigt. Er lädt uns ein zu seinem Ewigkeits-Fest mit erfülltem Leben, Frieden, Gerechtigkeit und Freude, Liebe von absoluter Qualität ohne doppelten Boden.

Das wünsche ich dir im neuen Jahr, dass du diesem Jesus folgst und dann Leben mit Qualität erlebst, mit Ewigkeitsqualität, das sogar über den Tod hinaus Bestand hat.

hoffen

Proklamation am Haus

Regelmäßig zur Adventszeit werden Fenster, Vorgärten und Bäume mit allen möglichen Lichtquellen behängt. Je seltener Menschen in die Kirche gehen, – so habe ich manchmal den Eindruck – je weniger sie an Gott glauben, umso heller wird es im und ums Haus herum. Jesus ist das Licht der Welt, darauf sollten ja die Lichter ursprünglich hinweisen. Es scheint, als ob die, die Gott einen guten Mann sein lassen, als erste ihr Licht anhaben, und als ob die, die mit Kirche und Glauben nichts zu tun haben, am eifrigsten in den „Krieg der Sterne" um die maximale Erleuchtung rund ums Haus einsteigen. Ob es die unbewusste Sehnsucht nach „dem" Licht der Welt ist?

Ich habe schon lange das Gefühl, dass es bei dem großen Lichterspektakel immer mehr nur noch um das Licht als solches geht, als Dekorationsmittel ohne jeglichen Bezug dazu, worauf diese Lichter eigentlich hinweisen wollen.

Das war auch der Grund, warum ich einen Lichterschriftzug mit „Jesus" entworfen und an meinem Haus angebracht habe. Er sollte alle daran erinnern, wer das Licht der Welt ist.

Er will es in unserem Leben wieder hell machen, da, wo Dunkelheit sich ausbreitet.

Natürlich sind Proklamationen am Haus, Statements aus unserem Mund oder Gedanken, die wir denken, nicht das Entscheidende. **Jesus will runter vom Haus, raus aus der Krippe, herab vom Kreuz in unser Herz, in unsere Hände und Füße. Er will in uns leben und dann durch uns handeln.**

Er will es in unserem Leben wieder hell machen, da, wo Dunkelheit sich ausbreitet.

hoffen

„ Er behauptet von sich, dass er das Leben sei. "

Furchterregende Engel?

Es war Nacht, tiefe, fast feierliche Stille – die Hirten, raue Gestalten, dösten vor sich hin. Kein Laut ließ sich hören, der Himmel war klar. Die Hirten wachten und passten auf, dass keine wilden Tiere die Schafe und Ziegen angriffen.

Plötzlich, ohne Vorwarnung, stand ein Engel vor ihnen. Eine himmlische Überraschung. Sie hatten mit allem gerechnet, mit Wölfen und Schlangen, Bären und Schakalen, aber doch nicht mit einem Engel!

Plötzlich erschien ein Engel des Herrn in ihrer Mitte. Der Glanz des Herrn umstrahlte sie.

Der Engel trat zu ihnen, und der Glanz des Herrn umstrahlte sie. Interessant, „der Glanz des Herrn", nicht der Glanz des Engels. Der Engel hatte Licht in Gottes Unendlichkeit getankt und das reichte bis in unsere endliche, kleinkarierte und dreidimensionale Welt hinein. Und diese Klarheit Gottes, vermittelt durch einen Engel, umstrahlte auch die Hirten. Sie waren umgeben von Gottes Ausstrahlung. Und jetzt scheint sich das Bild zu wenden, weg vom Steuer-Eintreibungs-Druck, weg vom fehlenden und passenden Quartier, weg von der skandalösen Schwangerschaft hin zur überwältigenden Freude.

Und der Engel sprach zu ihnen: „Fürchtet euch nicht! Siehe, ich verkündige euch große Freude, die allem Volk widerfahren wird; denn euch ist heute der Retter geboren, welcher ist Christus, der Herr, in der Stadt Davids."

Kann es sein, dass, wenn Gott oder Gottes engste Mitarbeiter, seine Engel, aktiv werden, dass sie mit einer Klarheit und Autorität auftreten, dass wir Menschen sofort, fast automatisch, mit Angst reagieren?

„Fürchtet euch nicht!"

Wovor sollten die Hirten sich denn eigentlich fürchten? Was war das Furchterregende an Engeln? Was ist an Klarheit und Licht so angsteinflößend? Könnte es vielleicht sein, dass wir in ihrer Gegenwart schlagartig mit unserer Scheinwelt und Doppelmoral, mit unserer Schuld und Sünde konfrontiert werden?

Gottes Energie, Gottes Licht, bringt alles ans Licht, auch den versteckten Dreck, den verdrängten Schmutz, die unter den Teppich gekehrte Sünde.
Aber der Engel verkündigt uns keine Hölle und keine Verdammnis, kein Gericht: sondern Freude, Frieden, Himmel, Erlösung, Rettung! Darum geht es an Weihnachten.

Als Jesus auf die Welt kam, sagten weder seine geflügelten Freunde noch er selbst: „Jetzt ist Schluss mit lustig!" **Nein, er sagte: „Be cool, Baby, Friede sei mit dir! Ich bin bei euch alle Tage bis ans Ende der Welt!"**

Der Engel verkündigt uns keine Hölle und keine Verdammnis, kein Gericht: sondern Freude, Frieden, Himmel, Erlösung, Rettung!

Lebst du schon oder existierst du noch?

Zu Weihnachten quellen die Parfümerien und Schönheitssalons über. Jeder will noch das Beste aus sich machen, da, wo einem etwas fehlt, nachbessern, um möglichst lange zu strahlen und mithalten zu können beim Wettbewerb um vermeintliche ewige Schönheit. Ewig?

Bei Gericht fragt der Richter den Angeklagten: „Nach dem Gesetz sind Sie ein Betrüger. Sie wollten ein Mittel für ewiges Leben verkaufen. Sind Sie bereits einschlägig vorbestraft?" „Ja, ich wurde wegen des gleichen Deliktes schon 1523, 1719, 1896 und 1951 verurteilt."

hoffen

Wollen wir nicht alle ewig leben? Cäsar und Kleopatra, Alexander der Große und Barbarossa – nur Namen leben ewig. Menschen sterben. Sind für immer weg von der Bildfläche. Ihre Geschichten leben nur noch in Büchern und Filmen. Tote, die lebendig werden? Das gibt's doch nur in Horrorfilmen. Tot ist tot. Aus und vorbei.

Doch Gott hat etwas Besseres mit uns vor. Hat sich nicht nur dieses Leben ausgedacht. Das wäre ihm zu wenig. Er will dich für immer bei sich haben. Der Tod ist nur die Durchgangstür. Dahinter geht's weiter. Auf ewig. Und ewig ist weniger ein Zeitbegriff als mehr ein Qualitätsbegriff. Ein Leben mit hundert Prozent Qualität, ohne Abstriche. Und auf andere Art als bisher.

Du glaubst nur an Fakten? Bitte schön: Einige waren tot und wurden tatsächlich wieder lebendig. Nachzulesen in der Bibel. Und Jesus, der zu Ostern von den Toten auferstanden ist, sagt, dass er das Ticket für die Ewigkeit ist, die Tür und der Weg für eine ganz neue Qualität. Da findet dann Leben pur statt.

Und wer heute Anschluss an das Leben in Person bekommt, diesem Jesus glaubt und im Laufe der Zeit eine immer tiefere Beziehung zu ihm eingeht, der wird immer mehr von diesem Leben schmecken und spüren. Als Folge, nicht als Belohnung. Bisher existieren wir ja nur, leben kann man das ja streng genommen gar nicht nennen. Wo beginnt das echte Leben? Und wer setzt eigentlich den Maßstab dafür?

Jesus selbst. Er behauptet von sich, dass er selbst das Leben sei. Wer das so frech behauptet, kann nur entweder ein Irrer sein oder jemand, der die Wahrheit sagt. Wenn Jesus ein Verrückter war, der sich maßlos selbst überschätzt hat, dann lasst uns doch die Kirchen schließen, dann lasst uns doch aufhören davon zu reden, dass Jesus ein Weiser war, der erste Humanist, der Prototyp Mensch ...

Wenn es aber stimmt, was er sagt, dann sollten wir Anschluss bekommen an dieses Leben.

Gott ist Rettung

Jesus kam nicht als Religionsgründer, sondern als Retter, weil es viel zu retten gab.
Das Wort „Jesus" stammt aus dem Griechischen und entspricht dem Namen Joshua,
und das heißt übersetzt „Gott ist Rettung". Unser Globus samt Bodenpersonal und Natur ist krank.
Er kam als Heiland, weil viel zu heilen war.

Er kam als Erlöser. Die Bibel spricht davon, dass die gesamte Schöpfung unter den Folgen der menschlichen Abkehr von Gott zu leiden hat. Nicht nur der Mensch, sondern auch die Natur quält sich und wartet sehnsüchtig auf ihre Befreiung von Tod und Vergänglichkeit. Alles „schreit" nach Erlösung. Erlösung ist das letztgültige Ziel, den einzelnen Menschen, die Menschheit und die Welt von allem Negativen zu befreien.

Das ist der Grund für so viele Erlösungs- und Rettungslieder:

„Oh du fröhliche", „Engel auf den Feldern singen",
„Macht hoch die Tür", „Wie soll ich dich empfangen",
„Stille Nacht", „Es ist ein Ros entsprungen",
„Kommet, ihr Hirten, ihr Männer und Frau'n",
„Jesus ist kommen, Grund ewiger Freude",
„Freue dich Welt, dein Retter kommt",
„Es ist für uns eine Zeit angekommen",
„Vom Himmel hoch, da komm ich her",
„Maria durch ein Dornwald ging",
„Freu dich, Erd' und Sternenzelt",
„Fröhlich soll mein Herze springen",
„Mit den Hirten will ich gehen",
„Herbei, oh ihr Gläubigen"
und viele mehr.

Wünsche?

Was gibt's bei mir zu wünschen?

Nix!

Ich habe es warm.

Ich bin satt.

Ich fühle mich geborgen.

Ich liebe und werde geliebt.

Ich lebe im Frieden mit Gott.

Alles, was ich mir wünsche, ist,

dass es anderen Menschen auch so gehen möge.

Das waren noch Zeiten

Das waren noch Zeiten – als Gott Mensch wurde. Heute spielt der Mensch Gott. Aber zum Glück gibt es Jesus nicht im Reagenzglas, sondern nur im Stall, am Kreuz und in den Herzen seiner Menschen.

- ✗ Auf einer Reise, quasi zwischen Tür und Angel, wird Jesus geboren.
- ✗ Stress und die Schwangerschaft.
- ✗ Keine Familienidylle.
- ✗ Abgrundtiefe Grausamkeit verbanden die Juden mit dem Namen Herodes.
- ✗ Keine Glühweinstimmung.
- ✗ Ein Engel erschien Joseph und rät zur Flucht.
- ✗ Kein trautes Heim, Glück allein.
- ✗ Als den Hirten die Engel erschienen, packte die hartgesottenen Männer Furcht und Zittern.
- ✗ Kein spirituelles Glücksgefühl.

„Und ihr werdet finden das Kind in Windeln gewickelt und in einer Krippe liegen …"
Das war der Start. Kein Palast, wie es eines zukünftigen Königs würdig gewesen wäre. Jesus allein im Stall mit ein paar verwirrten Hirten. Was kann man da schon erwarten? Was soll daran besonders sein?

Das Besondere und Außergewöhnliche daran wird mir deutlich, wenn ich mir klar mache, dass Jesus zum Urheber des Sichtbaren und Unsichtbaren gehört. Wie kann der, bei dem nur ein Gedanke ausreicht, um Materie entstehen zu lassen, seine Uraufführung bei den Menschen so mickrig gestalten?! Man kann doch nicht als Gott so nebenbei zur Welt kommen. Man nicht – aber Gott kann!
Gott will gerade die erreichen, die „nebenbei" geboren werden und „nebenbei" sterben, die keiner erwartet und denen keiner eine Träne nachweint. Die, die sich in ihren Höhlen verkriechen. Die, die sich verlieren in ihrem Schmerz, im Alkohol, im Konsum und auf der Suche nach Anerkennung.

Jesus sucht die Verlorenen, und einige lassen sich finden.

lieben

Die kürzeste Predigt im Neuen Testament

Die kürzeste Predigt im Neuen Testament hast du schon tausendmal gehört. Finden kannst du sie gleich am Anfang, in Lukas 2,10-12, in der Weihnachtsgeschichte: „Und der Engel sprach zu ihnen: Fürchtet euch nicht! Siehe, ich verkündige euch große Freude …"

Gott kommt nicht mit einer Fliegenklatsche und sagt: „Jungs, jetzt räum ich auf! In Dreierreihen aufstellen! Wenn ihr in den Himmel wollt, dann reißt euch zusammen!" Nein, er kommt angstfrei: „Fürchtet euch nicht." Er lässt erst mal Freude verkündigen, und nicht nur denen, die es eh schon gewohnt waren, oben an der Festtafel zu sitzen, denen, die ihre Sklaven zum Bedienen hatten, sondern dem „ganzen Volk", auch dem Fußvolk, denen ganz unten. Und gleich im Anschluss an die Verkündigung der Freude kommt der größte Knaller: Gott als Baby in Windeln. Wenn's wenigstens ein roter Teppich gewesen wäre, Fanfaren, noch nicht mal ein Posaunenchor! Gut, ein kleines harmloses Erdbeben wäre vielleicht auch passend gewesen. Aber nein, ganz einfach peinliche Windeln. Das alles kann nur der größte Witz der Weltgeschichte sein, oder es steckt wirklich Gott dahinter, der sich nicht ansatzweise vom Zeitgeist bestimmen lässt, von den Medien und davon, was die Leute, die Nachbarn und die Arbeitskollegen sagen.

Wenn ich diesen Gott als Schrittmacher im Herzen, als Herrn in meinem Rückgrat, als Maßstab in meinem Kopf, als Tröster in meinen Verletzungen und als Freund im Himmel habe, dann gibt's nichts auf die Mütze, sondern was auf die Lachmuskulatur. Freude ist angesagt, Hoffnung, Dankbarkeit, Ermutigung, Barmherzigkeit und Motivation zum Leben. Eine Eigenart der Freude ist übrigens die, dass sie raus will zu anderen, dass sie sich nicht in meinem Bauch verstecken muss.

Raus damit, andere anstecken mit Gottes großer Freude, das wäre was! Dann wird Weihnachten ganzjahrestauglich.

DAMIT-Liebe

Liebe ist ein gewaltiges Wort. Das hört sich so warm und weich an, so schön harmlos und friedlich. Klingt nach Kamin und Punsch, dicken warmen Socken und schöner ruhiger Musik und Kerzenschein. Aber war das, was Jesus bei seiner Geburt, seiner anschließenden Flucht erlebt hat und was er später am Kreuz getan hat, wirklich so gemütlich, lieblich und friedlich? Als Mutter Teresa in Kalkutta Sterbende versorgte, sagte ihr Bauch: „Abstoßend …" und ihr Herz und ihr Verstand sagten: „… und deshalb brauchen diese Menschen meine Hilfe!"

Wird der Begriff Liebe von unserem Bauchgefühl genährt und verwechseln wir nicht täglich Liebe mit Sympathie? Die menschliche Liebe schaut zurück: Hast du dein Zimmer aufgeräumt, deine Hausaufgaben gemacht, bist du sympathisch, bist du schön lieb, bist du sexy? – DANN liebe ich dich. Ich muss erst etwas leisten, bevor ich mir der Liebe anderer sicher sein kann.

Gottes Liebe ist keine „Dann-Liebe", bei der ich alles Mögliche leisten muss, um DANN endlich geliebt werden zu können. Gottes Liebe ist eine „Damit-Liebe".

DAMIT ich von meinen Verletzungen geheilt werde. DAMIT ich gegen den Strom schwimmen kann. DAMIT ich eine ehrliche, barmherzige und starke Persönlichkeit werde. DAMIT ich mit meinen Mitmenschen gut auskomme.

Euer ganzes Leben soll von der Liebe bestimmt sein. Denkt daran, wie Christus uns geliebt und sein Leben für uns gegeben hat, als eine Opfergabe, an der Gott Gefallen hatte.

Epheser 5,2

Zusammenhang

Zu Weihnachten ging eine Dame los, nahm viel Geld mit und wollte es für Weihnachtsgeschenke für ihre Enkel ausgeben. Als sie im Spielwarengeschäft stand, sah sie ein Kind, das sich die Nase an der Fensterscheibe plattdrückte. Es war unverkennbar, dass es niemals irgendetwas von alldem würde sein Eigen nennen können.
Sie ging hinaus, nahm das Kind an die Hand, ging mit ihm wieder hinein und es durfte sich aussuchen, was es haben wollte.

Da fragte das Kind die Dame verwundert: „Bist du Gott?"

Sie lachte und sagte: „Nein, ich bin Gottes Kind!"

Das Kind weinte und sagte zu ihr:

**„Ich wusste doch,
dass es da einen Zusammenhang gibt."**

Das Fest der Liebe

Jesus hat sich in seiner Unendlichkeit entschieden, ein „endlicher" Mensch zu werden, vorzuleben und zu lehren, was Liebe ist.

Liebe ist mehr als ein Gefühl. Sie wird mit Jesus alltagstauglich, handgreiflich, praktisch. Liebe ist eine Entscheidung und heißt nichts anderes, als dem anderen das zu geben, was er braucht. Und jeder von uns braucht eine ganz andere Art von Liebe. Der eine braucht jemanden, der nichts anderes hat als ein offenes Ohr, der nur zuhört, zurückfragt, Zeit hat. Ein anderer braucht ein klares Wort der Korrektur, das kann peinlich und unangenehm wirken. Liebe kann heißen, um Vergebung zu bitten oder zu vergeben. Liebe kann heißen, einem anderen ganz praktisch zu helfen. Diese Liebe ist nicht leicht, süß und toll. Da muss ich Zeit, Kraft und Geld opfern. Da fange ich an zu schwitzen. Da mache ich mich dreckig. Aber all das kann ein Ausdruck von Liebe sein.

Je länger und je intensiver ich in Gemeinschaft mit Gott diese Liebe einübe, mit ihr umgehe und sie trainiere, desto mehr wird die Liebe nicht erst mein Verhalten, sondern schon den Lauf meiner Gedanken und meinen Willen bestimmen, meinen Charakter. Es geht nicht darum, dass wir uns als Christen hier und da, mal ab und zu, des göttlichen Liebesgebotes erinnern und Gelegenheitsliebende sind. Je mehr ich NORM-alen Umgang mit Jesus habe, er die NORM für mein Reden, Handeln und Schweigen ist, desto mehr werde ich in diese Richtung beeinflusst. So wird das Lieben ein Bestandteil meiner Persönlichkeit. Diese Liebe ist göttliche Liebe, Agape, die ich nicht durch Anstrengungen und eigene Kraft erarbeiten kann. Die kann ich mir nur jeden Tag neu schenken lassen.

> Liebe ist mehr als ein Gefühl. Sie wird mit Jesus alltagstauglich, handgreiflich, praktisch.

lieben

Aufmerksamkeit schenken

Wenn du in dieser Zeit zu wenig Zeit hast, lass dich von meinen Ideen nicht stressen und erschrecken. Du kannst ja die Liebes-Attacken auf das ganze Jahr verteilen, jeden Monat eine Idee umsetzen oder jede Woche. Auf jeden Fall so, dass es nicht in Stress und Hektik ausartet.

✳ Wenn ihr als Familie gerne (und „gut") musiziert (Flöte, Gitarre, Gesang …), könnt ihr eure Nachbarn überraschen und ihnen ein **Adventslied** vortragen. Klingelt an ihrer Haustür und sobald sie aufgeht, beginnt ihr. Nur ein Lied, nicht reingehen, vielleicht noch eine kleine Tüte mit selbst gebackenen Plätzchen überreichen.

✳ Du bringst jemanden **zum Arzt,** der nicht selbst fahren kann.

✳ Du stellst dich als **Babysitter** zur Verfügung.

✳ Guck doch mal, ob du einen Arbeitslosen, Rentner, Ausländer oder Bürgergeld-Empfänger in deiner Nachbarschaft kennst, dem du bei **Behördengängen** helfen kannst.

✳ Starte eine **Sammelaktion,** z.B. für Brillen, Plastikdecken, Kronkorken, Briefmarken … Informationen findest du im Internet. Nimm Kontakt zu einer Organisation auf. Informiere die Presse, sprich mit verschiedenen Geschäften und stelle Sammelboxen auf. Nach Weihnachten holst du die Boxen ab und sendest den Inhalt an die Organisation.

Es gibt nichts Gutes – außer man tut es!

lieben

* **Fenster dekorieren** ist kraft- und zeitaufwändig. Du könntest dir für ein paar Euro Dekomaterial kaufen und einem älteren Menschen anbieten, seine Eingangstür oder sein Fenster schön zu dekorieren.

* Wer freut sich nicht zu Weihnachten über saubere Fenster? Frag eine Person, ob du ihr heute die **Fenster putzen** darfst.

* Im neuen Jahr gibt es Zeugnisse und vor Weihnachten werden jede Menge Arbeiten geschrieben. Vielleicht kennst du ja Kinder aus der Nachbarschaft, denen du etwas **Nachhilfe** geben kannst in Mathe oder Deutsch oder Englisch oder …

* Biete deine Hilfe beim **Schlagen oder Besorgen eines Weihnachtsbaums** an.

* Starte einen **Kuchenbasar.**
  Du brauchst nur ein paar Leute, die dich unterstützen und gemeinsam mit dir Kuchen backen und spenden. Dieser wird dann verkauft und die Einnahmen gehen an eine ausgewählte Hilfsorganisation. Am besten machst du das an einer belebten Stelle mit Laufkundschaft oder im Rahmen einer Veranstaltung.

* **Gehe aktiv auf Menschen zu und hilf ihnen,** z. B. über die Straße zu gelangen oder in den Bus einzusteigen. Oder fass am Kinderwagen an, wenn die Mutter damit die Treppe hinunter muss. Und nicht vergessen: Mit einem Lächeln ist eine gute Tat gleich doppelt so schön.

Es gibt nichts Gutes – außer man tut es!

Es gibt nichts Gutes – außer man tut es!

Post an die Nachbarn

Du schreibst einen Zettel und steckst ihn deinem Nachbarn/deiner Nachbarin in den Briefkasten:

Ich heiße ....
und bin Ihr Nachbar/Ihre Nachbarin.
Meine Adresse ....
Meine Telefonnummer ....
Meine E-Mail ....
Erreichbar bin ich auch per ....
Ich freue mich über eine lebendige Nachbarschaft und bin als Nachbar gerne ansprechbar. Melden Sie sich gerne, wenn ich Ihnen irgendwie behilflich sein kann.

Es gibt nichts Gutes – außer man tut es!

Es gibt nichts Gutes – außer man tut es!

Der etwas andere Weihnachtsbaum

Ihr stellt einen Weihnachtsbaum in den Eingangsbereich eures Gemeindehauses.

An diesem Weihnachtsbaum hängen keine Kugeln, sondern Kärtchen. Auf diesen Kärtchen können bedürftige Familien Wünsche äußern, z. B. dringend benötigte Anschaffungen, Spielzeug für die Kinder, aber auch Hilfsdienste oder finanzielle Unterstützung für einen Familienurlaub.

Diese Aktion kann man auch außerhalb des Gemeindehauses durchführen, auf dem Marktplatz, vor dem Rathaus etc.

Ich wünsche mir ein neues Fahrrad, es kann auch ein gebrauchtes sein.

Ich wünsche mir, dass alle in meiner Familie gesund bleiben.

Es gibt nichts Gutes – außer man tut es!

Geschenke-Parcours

Es gibt nichts Gutes – *außer man tut es!*

Wie wär's mal mit einer Geschenke-Rallye?

Du suchst dir verschiedene Stellen im und außerhalb des Hauses, an denen du kleine Süßigkeiten oder auch nur Zettel verstecken bzw. anbringen kannst. Ihr würfelt so lange, bis eine Person eine Sechs würfelt. Diese Person wird durch das Haus, den Garten, den Keller und die Garage „gejagt", auf der Suche nach dem gewissen Etwas, und alle Familienmitglieder begleiten sie. Zuerst legt ihr einen Startpunkt fest. Und so könnte es weitergehen:

1. **Zettel an der Kaffeemaschine:** „Den nächsten Zettel findest du am Schlüsselbrett."

2. **Schlüsselbrett:** „Im Auto wartet eine kleine Überraschung auf dich."

3. Am **Lenkrad** kleben eine kleine Süßigkeit und ein Zettel: „Unter dem Deckel der Altpapiertonne solltest du mal nachschauen …"

4. **Altpapiertonne:** „Suche im Keller einen Luftballon und iss auf, was in ihm steckt."

5. Im **Keller** liegt ein aufgeblasener Luftballon. In ihm stecken ein paar Erdnüsse. Am Luftballon klebt ein Zettel: „Im Eisfach des Kühlschranks wartet eine heiße Überraschung auf dich."

6. **Kühlschrank:** „Gutschein für eine heiße Tasse Kakao mit Sahne – weiter geht's am Briefkasten."

7. **Briefkasten:** „Hol den Schlüssel und schließe auf."

8. Im **Briefkasten** liegen eine Süßigkeit und ein Zettel: „Unter dem Wohnzimmertisch geht's weiter."

9. **Wohnzimmertisch:** „Stell dich vor Mamis Bett, sing ein Lied und danach lüfte die Bettdecke."

10. Unter der **Bettdecke** liegt das eigentliche Geschenk (eine Süßigkeit oder ein Gutschein oder eine liebevoll gestaltete Weihnachtsgeschichte aus der Bibel – Lukas 2,1–20 – oder …)

Es gibt nichts Gutes – außer man tut es!

Gutscheine als Geschenk-Ideen

- für einen besinnlichen Nachmittag mit selbst gebackenen Plätzchen
- für einen kreativen Bastel-Nachmittag
- für eine heiße Schokolade
- für Zeit zum Zuhören
- für einen spannenden Kinoabend
- für einen selbst kreierten Weihnachtspunsch
- für eine kreative Weihnachtsdekoration
- für einen musikalischen Adventsabend
- für ein Weihnachtsessen im Restaurant
- für erholsame Wohfühlstunden
- für einen weihnachtlichen Shopping-Spaß

- für einen gemeinsamen Backnachmittag mit knusprigem Ergebnis
- für eine kleine Entdeckertour
- für einmal Schlittschuhlaufen
- für ein liebevolles Gesundheitsprogramm
- für eine zuckersüße Freude
- für einen belebenden Winterspaziergang
- für eine Runde auf dem Weihnachtsmarkt
- für einen anregenden Besuch im Museum
- für ein selbst gekochtes Menü
- für eine weihnachtliche Vorlesestunde

Es gibt nichts Gutes – außer man tut es!

nachwort

Das Fest der Er-Wartungen

Wie ist das mit unseren Erwartungen an Weihnachten? Sind das feste Vorstellungen, die wir gerne erfüllt haben möchten? Oder wird Er erwartet, es heißt ja Er-Wartungen? Früher als Kind, konnte ich es kaum abwarten. Welch ein Wort: „ab-warten", klingt wie ab-arbeiten, runterwarten.

Angeblich soll Gott als Kind auf die Welt gekommen sein. Vor über 2.000 Jahren. Schon viele Menschen haben sich entschieden, für andere zu sterben, für ihre Ideen, ihre Ideologien, Kamikazeflieger, Terroristen und andere. Aber Jesus ist der einzige Mensch, der es sich je selbst ausgesucht hat, auf diese Welt zu kommen, hier geboren zu werden, kein anderer hatte je diese Wahl. Kein Guru, keine Religionsstifter, keiner! An Weihnachten ist der große Gott ein kleiner Mensch geworden. Niemals hat einer so viel gegen so wenig eingetauscht.

Alle Jahre wieder hört man die Leute stöhnen: „Es ist nicht mehr so wie früher. Zu viel Rummel, zu viel Hektik!"
Wer hat uns nur ins Ohr geblasen, dass Weihnachten still und beschaulich gefeiert werden muss? Und wenn es dann turbulent zugeht, wenn die Probleme sich nicht mehr unter den Teppich kehren lassen, dann ist Weihnachten eben kaputt, oder?

Ich kann verstehen, dass wir unter dem Wirbel und Getöse leiden. Aber ich kann nicht verstehen, dass Weihnachten dadurch beeinträchtigt wird. Was war das denn für eine Welt, in die Jesus hineingeboren wurde? Es waren chaotische Tage mit jeder Menge Stress. Die römische Besatzungsmacht hatte eine Volkszählung angeordnet, um die Steuern neu festzusetzen. Reines Machtgehabe, dass alle Leute sich an ihrem Geburtsort registrieren lassen sollten! Ärger lag in der Luft. Die Wut kochte hoch, es roch alles nach Schikane. Die Straßen waren nicht

sicher, vor allem nicht nach Einbruch der Dunkelheit. Viele machten ein Bombengeschäft, wenn sie Unterkünfte vermieteten.

In diese Welt hinein wird Jesus geboren. Es sah alles aus wie ein Planungsfehler Gottes. Wäre ein verschneites Schwarzwalddorf mit Feuerwerk in Friedenszeiten zur Jahreswende nicht geeigneter gewesen? Nein! Gott wird doch nicht Mensch, um unsere traditionellen Emotionen zu befriedigen. Er wird Mensch, weil er uns in unseren Fragen und Nöten begegnen will. Gott will hinein in unseren Alltag. Er kam, weil wir Menschen an unserem Egoismus kaputtgehen. Er starb für unsere Schuld. Die Ankunft Jesu

nachwort

ist kein Anlass, Probleme und Sünde an die Seite zu schieben und die Veränderung für später aufzuheben.

Der Heiland kommt mit seiner heilenden Nachricht bis in den letzten Winkel dieser Welt. Alle sollen es mitbekommen, von der verwöhnten Oberschicht bis hin zu den Pennern in Lumpen, vom Kaiser bis hin zu den damals verpönten Hirten – denn: Hirte sein war damals kein Traumjob. Statt Romantik gab's Wölfe und kalte Nächte, Knochenarbeit und Gefahren.

Unser Problem heute ist nicht, dass unsere Zeit zu stressig, hektisch und problembeladen ist, als dass wir noch richtig Weihnachten feiern könnten. Wir werden erst wirklich Grund haben, fröhlich Weihnachten zu feiern, wenn wir diesen Jesus an unsere Probleme heranlassen. Je weniger Schuld und je weniger Streit dabei ausgeklammert wird, desto handgreiflicher wirkt sich die Vergebung der Schuld in unserem Leben aus. Denn Jesus ist gekommen, um uns aus dem Teufelskreis von Hass und Vergeltung, von Lüge und Verniedlichung, von Schuld und Resignation zu befreien.

Wir mögen es bedauern, dass unsere Welt so viele Probleme hat. Aber dies ist genau der Grund dafür, dass Weihnachten passierte. Als die Engel sprachen, haben keine Glocken süßlich geklungen, sondern sie sprachen mit einer himmlischen Autorität, dass die Hirten erschraken. Auch Maria erschrak, als der Engel ihr die Geburt ankündigte. Das klang nicht harmlos und besinnlich, war aber auch kein Grund sich zu fürchten, sondern um gut zuzuhören und das Herz ganz weit zu öffnen, göttlichen Er-Wartungen Raum zu geben.

Die Engel sagten den Hirten: **„Geht nach Bethlehem und guckt euch den Retter der Welt an. Und das habt zum Zeichen: Ihr werdet finden das Kind in Windeln gewickelt."** Wenn die Engel wenigstens gesagt hätten: „Das habt zum Zeichen: Heiligenschein. Holder Knabe. Lockiges Haar." Aber nix da: Es ist eine Windel! Lass dir das doch mal auf der Zunge zergehen – oder besser unter die Nase reiben. Eine Windel ist das Erkennungszeichen des Menschlichen, allzu Menschlichen. Gott ist zu Weihnachten etwas Menschliches passiert, das ist das Kennzeichen Gottes. Gott kommt in der Windel und liegt als Menschenbündel auf einer Handvoll Stroh. Mickriger kann kaum jemand auf die Erde kommen. Statt Fanfaren gibt es Kuhgebrumm. Statt Flutlichtscheinwerfer ein düsterer Stall.

> **Der Heiland kommt mit seiner heilenden Nachricht bis in den letzten Winkel dieser Welt.**

Es wird wohl eher eine Felsenhöhle gewesen sein und kein Stall, wie wir uns ihn vorstellen, so Richtung Schweizer Berge. Das ist die klägliche Kulisse für den Auftritt Gottes auf der Bühne der Weltgeschichte. Der Auftritt jedes Weihnachtsmannes ist glanzvoller als die ärmliche Geburt des Gottessohnes.

Vielen ist ein Gott zu banal, der im Kuhstall zur Welt kommt und am Galgen aus der Welt geht. Viele hätten ihn gerne in einer etwas geschmackvolleren Ausführung. Nicht so ärmlich. Nicht so blutig. Der liebe Gott im Cellophan-Beutel. Goldschleife, das wäre was! Aber damit kann ich leider nicht dienen. Ich diene nicht dem Gott der Lametta-Christen, sondern dem Gott ohne Verzierung. Der geboren wurde als ein Mensch wie du und ich. Gott in menschlicher „Verpackung", dem kein Raum in dieser Welt zu dreckig und zu primitiv ist, um darin zu wohnen. Und wenn dein Herz so stur ist wie ein Esel, so brüchig wie eine hölzerne Krippe, so dunkel und schmutzig wie ein Kuhstall: Das macht ihm nichts aus! Gerade da möchte er wohnen, in deinem Herzen. Damit es dort wieder hell wird und du wieder froh wirst.

Was erwartest du von Weihnachten? Oder von Gott? Auf was wartest du? Gott erfüllt nicht unsere Erwartungen. Nicht weil er uns die

nachwort

> Gott will uns über das Leben hinausretten, rüberretten ans andere Ufer.

nicht gönnt, sondern weil wir zu kurz denken. Sechs Wochen im Jahr mit einem Zuckerguss-Jesus reicht nicht. Eine Lebensperspektive von achtzig Jahren ist zu kurzfristig! Wir denken einfach zu kurz, und oft auch zu egoistisch. Gott würde sich ja ein Eigentor schießen, wenn er unsere Wünsche erfüllen würde. Wenn Gott alles segnen würde, worum er gebeten wird, würde er sich juristisch gesehen der Beihilfe schuldig machen. Er will uns doch nicht kurzfristig und oberflächlich befriedigen, sondern ganzheitlich retten. In Lukas 2,11 steht: „Denn euch ist heute der Retter geboren." – Wir befinden uns in einer gefährlichen Situation, sonst bräuchten wir doch keinen Retter! **Er ist doch nicht gekommen, dass wir hier etwas leichter im Alltag klarkommen, sondern dass wir für die Ewigkeit vorbereitet werden.** Gott will uns über das Leben hinausretten, rüberretten ans andere Ufer.

Welche Erwartungen haben wir an Weihnachten? Überlassen wir ihm die Antworten oder akzeptieren wir nur die Lösungen, die uns passen? Würden wir aus dem Stall zurückkehren wie die Weisen oder bekämen wir, wenn wir wieder aus dem Stall wären, einen Lachkrampf: „Das soll Gottes Sohn sein?"

Ich denke, wir alle müssen wieder ganz neu lernen, manche vielleicht zum ersten Mal, uns an Weihnachten von etwas Unerwartetem in Erstaunen versetzen zu lassen. **Gott ist immer für eine Überraschung gut.** Vielleicht erlaubst du diesem Jesus ganz neu, dich an die Hand zu nehmen und dich dorthin zu führen, wohin er will. Wer kennt unsere Untiefen, unsere Sackgassen besser als er? Wer kennt das Ziel besser als er? Nicht der Weg ist das Ziel, sondern Jesus ist der Weg und das Ziel. Jesus will keine Weihnachts-Funzel in deinem Vorgarten sein, er will noch nicht mal Vorgarten sein, er beansprucht auch kein extra Zimmer in deinem Lebenshaus.

Er will dein Fundament sein.

Er will dich tragen.

Auf ihn kannst du bauen.

Auf ihm kannst du dein Lebenshaus bauen.

Hoffentlich begreifen wir, wozu Jesus kam.

Und wer es begriffen hat, der sollte es seinen Bekannten weitersagen.

Dann haben wir viel Grund, tüchtig zu feiern.